pequeños animales del patio
Las zarigüeyas
Heather Kissock
SPANISH & ENGLISH eBOOKS
AV2 BY WEIGL
ADDED VALUE • AUDIO VISUAL
www.av2books.com

Visita nuestro sitio www.av2books.com e ingresa el código único del libro.
Go to www.av2books.com, and enter this book's unique code.

CÓDIGO DEL LIBRO
BOOK CODE

AVE64939

AV² de Weigl te ofrece enriquecidos libros electrónicos que favorecen el aprendizaje activo.
AV² by Weigl brings you media enhanced books that support active learning.

El enriquecido libro electrónico AV² te ofrece una experiencia bilingüe completa entre el inglés y el español para aprender el vocabulario de los dos idiomas.
This AV² media enhanced book gives you a fully bilingual experience between English and Spanish to learn the vocabulary of both languages.

Spanish

English

Navegación bilingüe AV²
AV² Bilingual Navigation

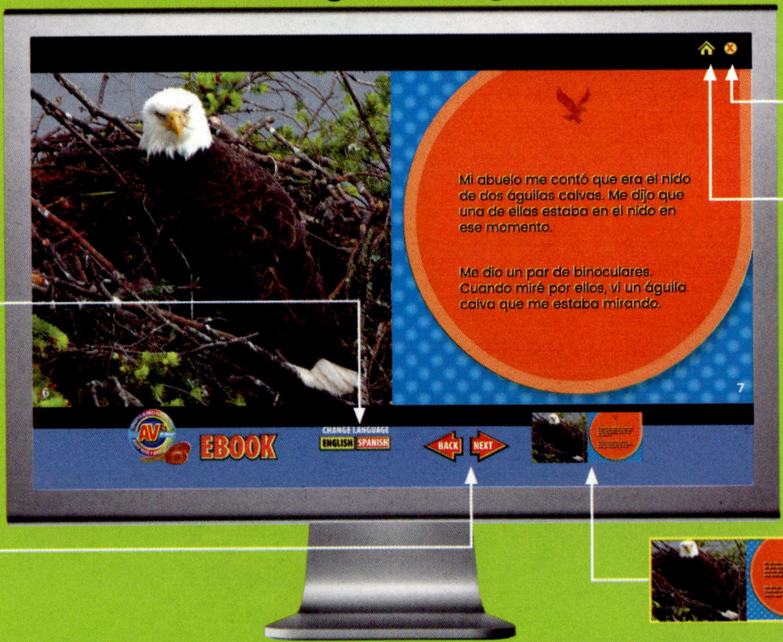

CERRAR
CLOSE

INICIO
HOME

CHANGE LANGUAGE
ENGLISH SPANISH

OPCIÓN DE IDIOMA
LANGUAGE TOGGLE

Mi abuelo me contó que era el nido de dos águilas calvas. Me dijo que una de ellas estaba en el nido en ese momento.

Me dio un par de binoculares. Cuando miré por ellos, vi un águila calva que me estaba mirando.

EBOOK

BACK NEXT

CAMBIAR LA PÁGINA
PAGE TURNING

VISTA PRELIMINAR
PAGE PREVIEW

Las zarigüeyas

En este libro,
te contaré sobre

su hogar

su comida

su familia

y cómo crecen.

Una noche, estaba acampando con mi papá en nuestro patio. Cuando nos estábamos por ir a dormir, escuchamos un ruido entre las hojas.

Papá iluminó los arbustos. Unos ojos pequeños y brillantes nos estaban mirando. Papá dijo que era una zarigüeya.

La zarigüeya dio la vuelta y se metió corriendo debajo de nuestro cobertizo. Tenía la panza muy grande y no podía moverse rápido.

Papá dijo que la zarigüeya era una mamá que llevaba a sus bebés en la bolsa de su panza.

8

Yo quería ver a los bebés, pero papá dijo que tendríamos que esperar. Los bebés se quedan en la bolsa de su mamá por unas semanas antes de salir.

Papá me dijo que deberíamos dejar tranquila a la mamá para que criara a sus bebés. Yo podría observarla desde la casa.

Todas las noches, me paraba frente a mi ventana buscando a la zarigüeya hasta que, finalmente, la volví a ver.

Estaba caminando hacia el cobertizo con sus bebés en la espalda. Se aferraban a ella muy fuerte con sus patas y colas.

Pude contar seis bebés. Se parecían a su mamá, solo que mucho más pequeños.

Su pelaje era gris, pero sus caritas eran blancas y tenían unas tiernas naricitas rosadas.

Cuando llegó el frío, puede ver a la familia de zarigüeyas de día. Papá me contó que les gustaba la luz cálida del sol.

Un día, vi a la mamá treparse a un árbol con los seis bebés en su espalda.

Los bebés ya estaban más grandes. A veces, los veía solos sin su mamá.

Pero ella nunca se alejaba demasiado. Los bebés la llamaban haciendo "ch...ch..." y ella les contestaba haciendo un chasquido con la boca.

Unas semanas más tarde, vi a uno de los bebés caminando solo por el patio.

Se veía tan pequeñito. Yo temía que algún pájaro intentara comérselo.

Después de un tiempo, dejé de ver a los bebés en el patio. Papá me dijo que habían abandonado a su mamá porque ya eran lo suficientemente grandes como para vivir solos.

Su mamá también había abandonado su casa debajo del cobertizo. Las zarigüeyas habían seguido su camino.

El verano siguiente, otra zarigüeya se mudo debajo de nuestro cobertizo.

Y pude ver crecer
a otra familia
de zarigüeyas.

¡Visita www.av2books.com para disfrutar de tu libro interactivo de inglés y español!

Check out www.av2books.com for your interactive English and Spanish ebook!

1. **Entra en www.av2books.com**
   Go to www.av2books.com
2. **Ingresa tu código**
   Enter book code
   AVE64939
3. **¡Alimenta tu imaginación en línea!**
   Fuel your imagination online!

www.av2books.com

Published by AV² by Weigl
350 5th Avenue, 59th Floor New York, NY 10118
Website: www.av2books.com

Library of Congress Control Number: 2018964740

ISBN 978-1-7911-0189-3 (hardcover)
ISBN 978-1-7911-0190-9 (multi-user eBook)

Printed in the United States of America in Brainerd, Minnesota
1 2 3 4 5 6 7 8 9 0 22 21 20 19 18

122018
111918

Project Coordinator: Heather Kissock
Designer: Terry Paulhus
Spanish Project Coordinator: Sara Cucini
Spanish/English Translator: Translation Services USA

Every reasonable effort has been made to trace ownership and to obtain permission to reprint copyright material. The publisher would be pleased to have any errors or omissions brought to its attention so that they may be corrected in subsequent printings.

The publisher acknowledges Getty, Alamy, Minden, and Dreamstime as the primary image suppliers for this title.